DANKE DIR

Für Mich Zu Lehren

Kein Teil dieses Buches darf ohne vorherige Genehmigung des Autors oder Herausgebers in gedruckter oder elektronischer Form gescannt, reproduziert oder verbreitet werden

Lehrer's Name _____

Name des Studenten _____

Klassenname _____

Klassenstufe _____

Anzahl der Schüler _____

> Es ist die höchste
> Kunst des Lehrers,
> Freude am kreativen
> Ausdruck und Wissen
> zu wecken
>
> Albert Einstein

 Klassenfoto

Ich möchte mich für ... bedanken.

_____

_____

_____

_____

_____

_____

Meine Lieblingserinnerung ......

_____

_____

_____

_____

_____

_____

Etwas, das ich über dich gelernt habe ....

_____

_____

_____

_____

_____

Etwas, das ich über mich selbst gelernt habe ......

_____

_____

_____

_____

_____

Unsere Klasse hat es geliebt, wenn .....

Mein Lieblingsausflug ....

_____

_____

_____

_____

_____

Mein Lieblingsteil unseres Schultages .....

_____

_____

_____

 Ich habe gelernt..............

_____

_____

_____

_____

_____

Jetzt freue ich mich auf ....

_____

_____

_____

_____

Mein Lieblingstag......

_____

_____

_____

_____

_____

_____

_____

_____

Dinge, die wir im Unterricht gemacht haben

Mein Lieblingskunstwerk

Die größte Herausforderung war ………

_____

_____

_____

_____

Ich schätze Sie………

_____

_____

_____

Ich habe mich immer darauf gefreut ....

_____

_____

_____

Ich würde neuen Schülern in Ihrer Klasse nächstes Jahr erzählen ......

 Zeichnung

Ich würde gerne sagen.............

_____

_____

_____

_____

_____

_____

_____

_____

_____

_____

_____

_____

 Eine Zeichnung unseres Klassenzimmers …..

Ich wünsche Ihnen einen schönen Urlaub, weil ....

_____

_____

_____

_____

_____

_____

_____

_____

Unsere Schule

Es war lustig, als ....

_____

_____

_____

_____

Etwas, das mich überrascht hat ....

_____

_____

_____

_____

# Freundlichkeit

Du hast mir beigebracht ....

_____

_____

_____

_____

Etwas, das ich nie vergessen werde, ist ....

_____

_____

_____

_____

Danke dir

Seiten Meines Lehrers

Meine Lieblingszeit des Schultages ....

_____

_____

_____

Etwas, das ich dieses Jahr gelernt habe ....

_____

_____

_____

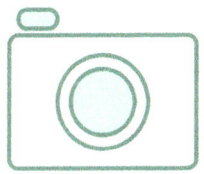

Eine Klassenerinnerung an Cherish ……….

Ich werde vermissen………….

Andenken des Lehrers

In Hundert Jahren

(Auszug aus meiner Macht von Forest Witcraft)

Es wird nichts ausmachen
Was für ein Auto bin ich gefahren?
In was für einem Haus habe ich gelebt?
Wie viel Geld war auf meinem Bankkonto?
noch wie meine Kleidung aussah.
Aber die Welt kann ein besserer Ort sein, weil
Ich war wichtig im Leben eines Kindes

"Ein Lehrer beeinflusst die Ewigkeit: Er kann nie sagen, wo sein Einfluss aufhört" - Henry Adams

www.ingramcontent.com/pod-product-compliance
Lightning Source LLC
LaVergne TN
LVHW072015060526
838200LV00059B/4677